LOS DÍAS
QUE VIVÍ SIN TI

LOS DÍAS QUE VIVÍ SIN TI

Sandra Santana

Primera edición: 2020

© Derechos de edición reservados.
Letrame Editorial.
www.Letrame.com
info@Letrame.com

© Sandra Santana
Instagram: @sandrasantana_oficial
Facebook: @sandrasantana.art
Youtube: SANDRA SANTANA OFICIAL

Fotografía de la biografía : Juan Dorta
Instagram: @thejuandorta / @portraitsbyjuandorta
www.juandorta.com

Diseño de edición: Letrame Editorial.
Maquetación: Juan Muñoz
Diseño de portada: Rubén García
Supervisión de corrección: Ana Castañeda

ISBN: 978-84-18585-48-7

DEPÓSITO LEGAL: AL 2619-2020

Ninguna parte de esta publicación, incluido el diseño de cubierta, puede ser reproducida, almacenada o transmitida de manera alguna ni por ningún medio, ya sea electrónico, químico, mecánico, óptico, de grabación, en Internet o de fotocopia, sin permiso previo del editor o del autor.

Letrame Editorial no tiene por qué estar de acuerdo con las opiniones del autor o con el texto de la publicación, recordando siempre que la obra que tiene en sus manos puede ser una novela de ficción o un ensayo en el que el autor haga valoraciones personales y subjetivas.

«Cualquier forma de reproducción, distribución, comunicación pública o transformación de esta obra sólo puede ser realizada con la autorización de sus titulares, salvo excepción prevista por la ley. Diríjase a CEDRO (Centro Español de Derechos Reprográficos) si necesita fotocopiar o escanear algún fragmento de esta obra (www.conlicencia.com; 91 702 19 70 / 93 272 04 47)».

IMPRESO EN ESPAÑA – UNIÓN EUROPEA

*A la del corazón roto, la incomprendida,
la extremadamente sensible.
A la mujer que no quiero volver a ser…
Al sentimiento más bonito del ser humano.
A las personas que nos ayudan a evolucionar.*

A ti.

Eso…

PREFACIO

Los días que viví sin ti es la siembra de todas las semillas que he ido esparciendo en estos últimos e intensos cinco años de mi vida. Y hablo de semillas porque todo lo que hacemos, así como todo lo que nos pasa, sucede por una simple razón: es parte del proceso evolutivo de la vida.

A veces, no sabemos lo que sembramos hasta que, con el tiempo, nuestras acciones empiezan a brotar transformadas en otras cosas o en otras circunstancias. Para ello habrá que dotarse de paciencia, esperar mucho y regar; dar lo mejor de sí mismo y ponerle mucha pasión a todo lo que uno hace. De nuestras acciones dependerá cómo de hermosos sean nuestros frutos y si actuamos con determinación, muchas de esas semillas acabarán convirtiéndose en cosas maravillosas como, para mí, este libro.

Escribirlo me ha enseñado que nuestra creatividad es la más pura expresión de libertad. La libertad en forma de arte. ¿Y qué mejor que compartir nuestro arte con el mundo?

¿…Y cómo empecé a sembrar?

De pequeña ya me gustaba escribir en mis diarios, pero mi verdadera iniciación en la escritura comenzó no hace tanto tiempo y de la manera más banal, con simples publicaciones que compartía en la *app* de *Facebook* a modo de frases cortas, motivada siempre por el ánimo de hacer reír a la gente, porque ver a la gente sonreír me hace feliz.

La mayoría de aquellos primeros *posts* estaban cargados de mucho humor y grandes dosis de ironía.

Humor e ironía. ¡Qué dos grandes aliados!

Poco a poco, e inconscientemente, pasé de frases cortas a pequeñas reflexiones. Y más tarde, empujada por algunos amigos, me creé un perfil a modo de blog donde publicaba todos los sinsentidos y verdades que se me pasaban por la cabeza.

Aquellos pequeños «monólogos» reflejaban cómica y exageradamente el carácter de una mujer empoderada. Pero la verdadera historia es que, tras años de una tóxica relación de pareja y de una ruptura un tanto traumática, mi nuevo *yo* necesitaba desahogarse. Después de estar tanto tiempo conviviendo en pareja, continuar con mi vida en solitario me llenaba de incertidumbres y, sobre todo, de mucha desconfianza. Aquel tono jocoso que utilizaba para expresar lo que verdaderamente pensaba de las relaciones de pareja, me ayudó a reírme de las circunstancias y a restarle importancia a las cosas menos bonitas que, desafortunadamente (o no), me había tocado vivir. Escribir fue, entonces, una enorme liberación para mí; una magnífica autoterapia. Es más, hoy puedo decir que muchos de esos momentos los pude afrontar, en parte, gracias a aquella comedia escrita.

¿Y qué pasó después?

Pasado un tiempo y tras varias decepciones más, tomé una de las mejores decisiones de mi vida: me fui a vivir al extranjero.

De la noche a la mañana dejé mi trabajo, hice las maletas y me mudé a la cosmopolita ciudad de Londres donde conseguí, al fin, desconectar de mi pasado. Aunque pareciera estar huyendo, en realidad, fue ese el momento que me regaló la vida para cumplir mi sueño de vivir en Inglaterra, de aprender un poco más sobre la cultura que tanto amo, y, en definitiva, la oportunidad que me brindó el destino para empezar otra vez de cero.

Yo cambié. Mi vida cambió. Y conforme yo maduraba y aprendía de una nueva y extraña soledad, mi creatividad fue también evolucionando. Como ya adelantaba, la escritura resultó el método más constructivo que encontré para expresar mis sentimientos. Apenas sin darme cuenta, me volví cada vez más consciente de lo que escribía y de cómo lo expresaba, más profundamente conectada conmigo misma, con mi interior, con mis sentimientos, mis frustraciones, mis inquietudes,… Así hasta que, de repente y sin saber muy bien cómo, brotó en mí la semilla de la poesía.

Los días que viví sin ti es, por tanto, la cosecha de algunos de los poemas y reflexiones que he ido componiendo desde entonces.

Cierto es también que, de tanto hurgar en mi interior, he encontrado en mis poemas las respuestas a todas aquellas preguntas que no supe responder en el pasado. Quizás, esas mismas respuestas te ayuden a ti también de alguna manera. Por eso he escrito este libro. Por eso y porque, ahora sí, ya puedo plantar mi árbol de la vida.

INTRODUCCIÓN

¿Y cuál es la historia que encierra este libro?

Imagínate que, de repente, te enamoras pero no estás preparado para entender el verdadero concepto del amor porque el amor de verdad no es aquella película romántica y perfecta que viste un día y te ablandó el corazón. Aquella película «ideal» nunca te contó que en la vida real las relaciones amorosas también están llenas de dudas, errores, prisas, celos, malentendidos, incertidumbres y puede que hasta alguna gota de sufrimiento.

Partamos ahora de la base de que estás enamorado pero, en un momento dado, tu «película romántica» se va literalmente a la mierda. Es aquí donde entra en escena la decepción, el drama y la posterior ruptura. Aunque tus intenciones fueran buenas e independientemente del detonante del problema, la ruptura duele. La decepción duele. Lo más normal es que empieces a sentir un rebujón de emociones que te confunden o te generan ansiedad como, por ejemplo, no querer asimilar que el amor se ha perdido, enfadarse porque no entiendes las reacciones de la otra persona, victimizarse para así justificar tu propia conducta negativa, entristecerse profundamente por no encontrar una válida solución o sentirse tremendamente culpable por todo ello. Todo eso forma parte de algunas de las fases o etapas que componen el estado del *desamor*. Es lo que en psicología se conoce como el «estado de duelo». Y es normal experimentarlo. De hecho, debemos experimentarlo o, de lo contrario, seríamos seres insensibles y eso sí que sería un «grave problema».

Quizás tú ya sabes de qué te hablo porque ya lo has vivido. O igual tú, estás viviendo todo esto ahora y no sabes identificar muy bien qué te pasa, cómo te ha pasado ni cuándo se te pasará. El desamor es algo que nos ocurre a todos y de muchas formas distintas. La mayoría repetimos, incluso, más de una vez y dos, o tres… Es más, ni siquiera es necesario haber consolidado una relación para sentirlo y sufrirlo. Simplemente, ocurre.

Cada ser humano, obvio está, vive su relación sentimental o platónica de una manera distinta. Comparando una primera relación con cualquier otra posterior, notarás una gran diferencia entre ambas. Pues, con el desamor pasa lo mismo. Cada uno lo vive de una manera diferente, cada uno lo experimenta más o menos intensamente o durante más o menos tiempo pero, al final, en él hay unos patrones que se repiten constantemente.

Los días que viví sin ti recoge algunos de los poemas que he escrito durante algunas de esas experiencias y, aunque no aparecen cronológicamente publicadas, estos poemas se escribieron en diferentes etapas en el tiempo que, hoy en día, identifico con una fase concreta del desamor.

¿Pero es el desamor tan negativo?

¡Para nada! Todos mis poemas y reflexiones son un reflejo de la inspiración motivada por esas etapas por las que uno tiene que pasar hasta toparse con la verdad más absoluta. Los poemas de este libro reflejan mis debilidades, pero también la esencia de mi alma, mi espíritu luchador, mi fuerza.. Y es que después de uno sentirse perdido, la única opción que queda es *reencontrarse*.

Tanto si eres un joven aprendiz en el desamor, como si eres uno de los muchos que piensan que nunca aprenden porque les ha tocado *desenamorarse* una vez más, no tienes de qué preocuparte. Aunque el desamor es doloroso, no es eterno; es más, es un gran maestro de la vida. Nos enseña tantas cosas…

¡Qué incomprendidos nos sentimos a veces!
¡Pero qué afortunados somos aquellos que recurrimos a la poesía!

(La autora)

FASE 1:
LA NEGACIÓN

EL AMOR ME PERSIGUE
Y YO VOY HUYENDO DE ÉL...

...PORQUE NO VEO LA VERDAD
ANTE MIS OJOS.

NO LO HAGAS

No lo hagas.
No aparezcas de la nada para luego desaparecer…
No lo hagas.
No te inventes verdades que no podrás sostener.
No lo hagas.
No compliques mi existencia
con falsas coincidencias para hacerme enternecer.
No lo hagas,
que mi corazón late por sandeces,
no razona, no obedece y se muere de amor…

YA NO CREO

Ya no creo en el amor.
Ya no creo en las palabras ni en los hechos.
Ya me cansé de tanto teatro
y de que venga para solo un rato
el amor o eso que se le parezca…
¿Para que luego desaparezca dando paso al despecho?
Ya no creo, ni al de pasada ni al verdadero.
Ya la venda de hacerse el ciego ni la encuentro por el suelo.
Ya no creo.
Ni para ilusionar, ni para que hiera,
ni con verdades, ni de otra manera.
¿Para qué si se vuelve rutina y deja el alma triste, en ruinas?
No le creo.
Pues, el corazón que se vuelve polvo, escombro o piedra,
ni lo quiere ni lo espera,
ni de nadie, ni de sí,
ni de ti, ni de mí.

FASE 2: EL RENCOR

*¡QUÉ IRASCIBLE
LA IMPOTENCIA
DE TENER QUE
OLVIDAR A ALGUIEN
PERO NO SABER PONERLO EN PRÁCTICA!*

DOS HERIDAS

De rodillas
y con las palmas de mis manos en el suelo.
Sin aire en los pulmones.
No hay consuelo.
¡Eran ciertos los rumores!
¡Cuánta traición!
El dolor me desgarra…
Hay dos heridas.
Una abierta en el corazón
y otra más profunda en la espalda.
La puñalada de tus mentiras
y el hachazo de tus palabras.

LA LECCIÓN DE LA CONCIENCIA

La vida te da lecciones
para aprender de los errores
y te equivocaste al dejarla ir.
¡Mira por dónde la liberaste
de tanto sufrir!

Era prohibida y fue tu elección.
La gran lección de tu vida.
Y la recordarás mientras vivas,
aunque ya no te quede corazón.

Intentarás de nuevo encontrarla,
en otras faldas, quizás, olvidarla
pero ninguna de ellas
te amará como te amó.

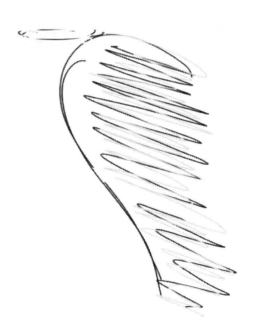

Y así acabarás, resignado,
de cualquier otra acompañado
y carente de perdón.

A cuál ciega implórale paciencia,
pues la que buscas ya no es ella,
no la que marchó.

Esta de aquí es tu conciencia
y el peso sobre tus hombros,
tu más infinito error…

DECEPCIÓN

No esperaba nada.

Ni de la vida, ni de nadie. Ni si quiera del tiempo.

Dejaba las horas pasar que, al final, terminaban acumulándose en días, en semanas o en meses. Siempre sin esperar nada, pero deseando todo.

Una y otra vez, el tiempo me demostraba la misma cosa, la misma decepción.

Sé buena y se reirán de ti. Sé justa y te llamarán «hija de puta».

Toda la vida sintiéndome infravalorada por gente que solo quiere recibir pero dar nada a cambio.

Y así, hasta que un día te plantas cara a ti misma porque de nada vale hacer entender a los que se creen más listos que tú, que todavía no han aprendido de la vida una mierda.

FASE 3:
LA TRISTEZA

LAS PALABRAS SON PARA
EL CORAZÓN
COMO PEDACITOS DE CRISTAL
EN UNA BURBUJA...

NUNCA MÁS NOS VIMOS

Qué pena que nunca más nos vimos.
El destino no quiso volvernos a juntar.
Se me fue la vida extrañando tu sonrisa
y fue Melancolía quien me vino a visitar.

Hoy soy tan viejo que me olvido de todo.
Pero, a pesar de todo, no olvido recordarte,
que pasaste por mi vida,
así, deprisa, un solo instante,
para dejarme aquella lista
de sueños por soñar.

Dejaste en lo más hondo de mi alma
un hueco profundo.
Tú, que fuiste mi mundo,
y yo, que navegaba en tu inmenso mar.

Se me va la vida extrañando tu sonrisa
y fue Melancolía quien me vino a visitar.
Qué pena que nunca más nos vimos,
y que el destino no quiso volvernos a juntar…

VOLVIMOS A CAER

Volvimos a caer
como caen las hojas en otoño.
Volvimos a sentir el suelo frío
y las mejillas mojadas;
lamentando todo y condenados
a la maldita expectativa,
tan mal acostumbrada.
Volvimos a sentir el suelo frío,
y las mejillas mojadas,
y como caen las hojas en otoño,
volvimos a caer…

CORAZONES ROTOS

Hay corazones que cuando se rompen, ya nunca vuelven a ser como antes.

Son los corazones rotos, aquellos con todos esos pedazos esparcidos por ahí en un millón de buenos y malos recuerdos.

Esos corazones rotos, los que amaron de verdad pero que solo supieron hacerlo una vez.

Y da igual el tiempo que haya pasado porque ni el tiempo sabe dónde quedaron esparcidas las ilusiones…

FASE 4:
EL MIEDO

SI SENTIMOS MIEDO ES PORQUE DESCONOCEMOS LO QUE HAY FUERA DE NOSOTROS...

PERO HAY COSAS QUE NO PODEMOS CONTROLAR, COMO EL HECHO DE QUE NADA NOS PERTENECE.

SOMOS NOSOTROS QUIENES PERTENECEMOS AL MUNDO, AL UNIVERSO Y TAMBIÉN A ESE SENTIMIENTO LOCO LLAMADO AMOR...

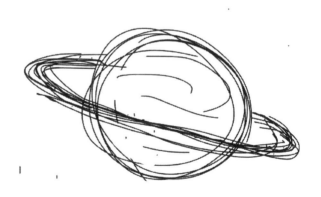

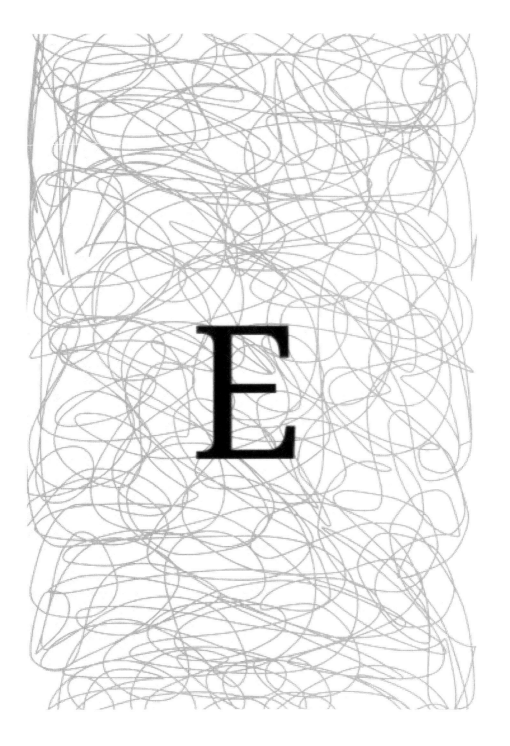

MIEDOS

Siento que mis ganas
son más grandes que mis miedos
y que mis miedos son los mismos que los tuyos.
Que si temo vencer es por temor a quererte;
que si quiero apostar es por volverte a tener.
Que no quiero soltarte, pero temo retenerte;
que te quiero más de lo que ya te tengo;
que temo no poder tenerte más.
Que te tengo ganas y sin tus ganas me pierdo;
que si me pierdo, es en vano;
que si no gano, te irás…

SI TÚ SUPIERAS

Si tú supieras la falta que me haces...
Si tú supieras las veces que te pienso…
Si supieras lo que siento y no lo sabes.
Si supieras que quiero y no puedo…
Si supieras que me da miedo, ¿me amarías…?
A lo mejor huirías porque puedo amar mejor que tú.
Si supieras lo que dejo de decirte porque prefiero no insistirte…
Si yo supiera que eres tú
y tú supieras que solo quiero que seas tú,
y que me quieras…
Si tú supieras…

CORTINAS DE HUMO

La oscuridad es densa y este miedo no me deja ver la inmensa
luz que resplandece al otro lado, ese en el que estás tú...
Sin ella no puedo ver.
Y aunque grites, ¿no lo ves? A oscuras no logro avanzar.
¡Malditas cortinas de humo! No me dejan respirar.
Hasta me asfixia solo la idea de perderme…
Debo calmarme y ser paciente, a lo sumo.
Confiar en mis principios y valorar este dilema.
Quiero resolver el problema, encontrar la verdad, la solución.
Pensar con claridad.
…Ya lo veo en mi interior.
Están ahí.
Brillan en el fondo mis valores.
Y, al fin, el humo no es eterno.

UN HALO DE LUZ

Soy la chica triste de la esquina,
la que, a veces, se arrincona y olvida
de lo hermoso que es vivir.

Soy la chica perdida del laberinto,
la que teme seguir adelante
y no poder volver atrás.

Soy la chica tímida del silencio,
la que vive enmudecida
por las oscuras sombras del miedo.

Soy la chica misteriosa de la cueva
que, a pesar de la oscuridad,
intenta encontrar la salida.

Soy la chica de la antorcha,
la que al fondo siempre encuentra
su pequeño halo de luz...

FASE 5:
LA SOLEDAD

LA SOLEDAD
NO ES MÁS QUE EL INCÓMODO
INSTINTO QUE NOS RECUERDA
QUE NO HEMOS NACIDO PARA
ESTAR COMPLETAMENTE SOLOS,
AUNQUE CREAMOS QUE ESO
NOS GUSTE...

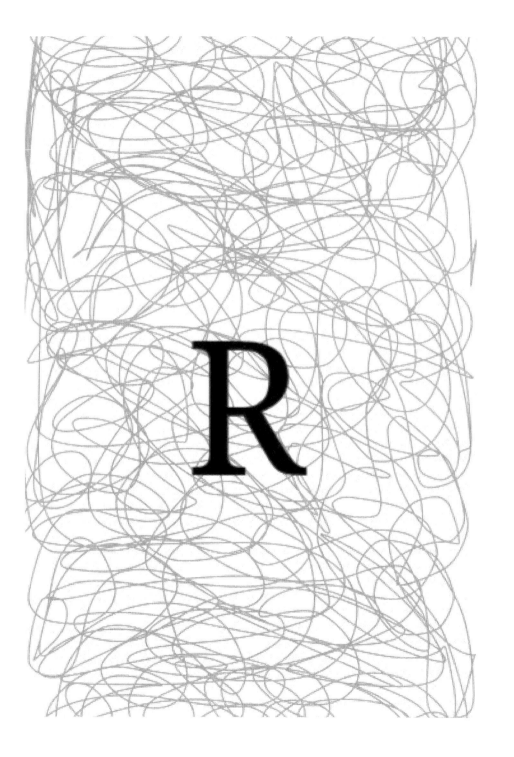

POEMA A LA SOLEDAD

¡Oh, soledad! ¡Cómo matas!
Pues, llegas dejando el vacío
a los que solos no quieren estar.
A ellos traes la amargura,
por pretender ataduras
y cadenas de amor sensible.
¡Oh, soledad! ¡Cómo engañas!
Sinuosa y ermitaña compañera
de los hombres de alma libre.
¡Oh , soledad!
¡Tantas veces rastrera!
¡Te vuelves un sinvivir!
Pues, como *el perro del hortelano*
del que no era dueño su amo,
mi soledad es *ni contigo, ni sin ti.*

EL AMOR SE ESCONDE

Caprichoso destino
que cruzará nuestros caminos porque sí.

Sin saber cuándo, ni saber dónde,
el amor se esconde de ti y de mí.

El tiempo grita «ahora».
La soledad implora al frenesí.

Y mientras tú esperas, yo desespero.
Sin ti no vivo, enfermo
y, de nuevo, me rendí.

NADA MÁS TE PIDO

Y no pido nada más
y nada más te pido…

Una caricia eterna y tu mirada tierna
al compartir mi almohada.

Tu respirar en mi oído y de tu corazón,
el latido pegado a mi espalda.

Y cada mañana, al despertar,
sentirte aquí, conmigo.

Y no pido nada más
y nada más te pido.

SOÑANDO DESPIERTA

Cómo dormir si el sueño ya perdí;
si se me abren los ojos
por querer soñar despierta;
si dejo la puerta entreabierta
porque no quiero dormir sola;
si tu ausencia descontrola
el sentido de tenerte, aquí,
compartiendo media almohada.

Pero no hay de qué preocuparse,
no pasa nada.
Seguiré soñando despierta,
esperando a que Morfeo venga solo y cuando le apetezca,
porque eso es lo que tiene el ser así de terca.
Porque eso es lo que tiene el ser tan imperfecta…

FASE 6: LA ACEPTACIÓN

NUNCA PODRÁS EMPEZAR DE NUEVO....

...SI NO DEJAS EL PASADO
DONDE SIEMPRE HA DEBIDO ESTAR...

LO QUE HUBO

Lo que hubo y lo que queda,
si es que aún queda algo, entre nosotros está.
Y si no quedó en ti, se lo quedará el olvido,
que el destino nos ha unido pero la vida se nos va.
Ahora te vas, así, sin despedida.
Y si no te quedas es porque nadie te obliga.
Y ahora te vas, pero no vuelvas.
Cada uno, mejor, que siga con su vida…
Que de lo que hubo, ya nada queda;
que de todo uno pronto se olvida;
que el destino nos ha unido,
pero la vida se nos va…

DONDE ACABÓ EL AMOR

Me perdí allí donde acabó el amor.
Allí, donde me abandonó
y me dejó naufragando
en un mar de soberbia.
Allí, donde el dolor mató a la pasión
y se disculpó con excusas
que no llegaron a ninguna parte,
más que a la locura de saber que
allí, donde lo perdí,
dejé lo que mejor tenía:
a mí misma…

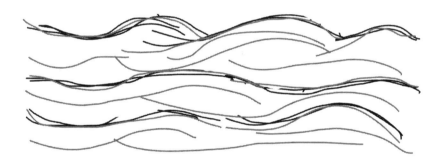

FASE 7: EL APRENDIZAJE

EL TIEMPO NECESITA TIEMPO
PARA PONER LAS COSAS
EN SU SITIO...

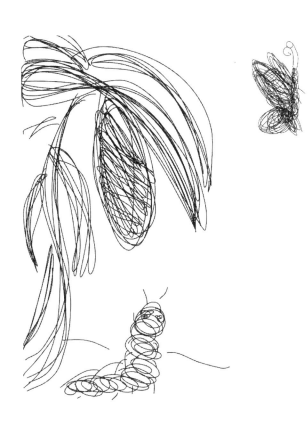

...Y EL TIEMPO PASARÁ
Y ENTENDERÁS EL POR QUÉ
DE MUCHAS COSAS.

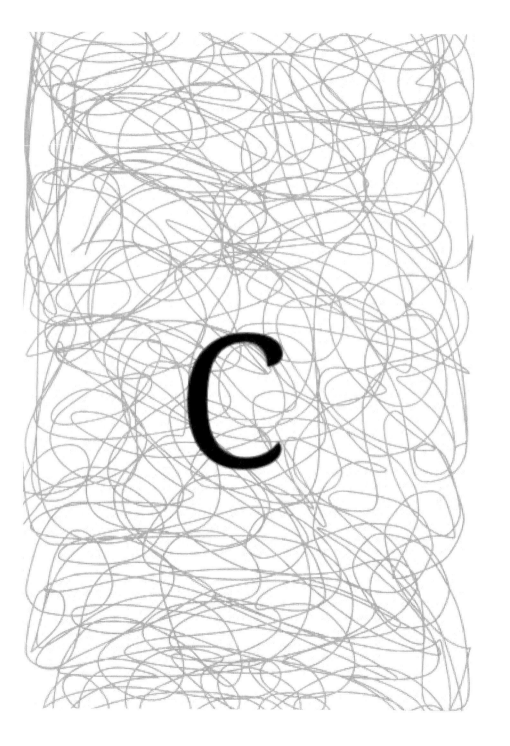

CRISÁLIDA

Es tanto el amor que siento que no soy capaz de distinguir hasta qué punto te quiero más a ti que a mí misma.
¿Realmente te quiero tanto?
¿O será, tal vez, que yo no me quiero nada?
¿Es amor o es miedo?

Me he perdido tantas veces que ya no sé ni siquiera en qué lugar ni en qué momento me he perdido del todo.

He abandonado la brújula siguiendo mi instinto.
No te culpo. Nunca he sabido valorarme lo suficiente.

Sigo siendo aquella oruga que desea ser mariposa y temo que todavía me quedan unos cuantos milenios más en mi crisálida...

HÁBLAME DE AMOR

Háblame de amor cuando sepas el significado de ese dolor incrustado,
cuando ya no esté contigo quien mil promesas te juró.
Háblame de amor cuando no veas amanecer entre sábanas de pasiones,
cuando nada te emocione y los rencores ni te importen.
Háblame de amor cuando no encuentres quien te aporte
o cuando ya no te soporte ni el pilar de tu conciencia.
Háblame de amor cuando te enseñe la experiencia que insistir no tiene sentido, así como tampoco lo tiene sufrir por quién te ha jodido.

CAMINA POR LAS CALLES

Camina por las calles orgullosa de sí misma,
observando el mundo que rodea su existencia.
Regresa a la nostalgia y agacha la cabeza,
pues el orgullo, por orgullo, no vence a la tristeza.
Respira hondo, cierra los ojos, traga saliva
pues, es su vida la que pasa y amor por lo que suspira.
Sueña, sonríe y canta para aliviar el hastío
que dentro es tempestad, tormenta, lluvia y frío.
Fuertes son sus emociones, pero débil su memoria.
Pronto olvidará los besos que pasaron a la historia.
Aquellos que en un ápice de pasión brotaron
y que, envueltos por el fuego, en cenizas terminaron.
Hoy tiembla, quizás, pero no de miedo
pues algún día encontrará quién la quiera,
haciendo de su otoño un verano
y de su invierno, primavera…

EL DESTINO ME ESCRIBIÓ UNA CARTA

El destino me escribió una carta.
Me contó el principio.
Me describió la mitad.
Me relató mi infancia.
Me recordó mi pubertad.
Me presentó a mil amores.
Y me quitó la libertad.

Me habló de planes que fueron tonterías.
Me habló de pesadillas, de días tristes, de despedidas;
de algunas cuantas lágrimas derramadas…

Me habló de aprendizaje, de madurez.
Me habló de saber vivir la vida,
de esperanzas, de alegrías, de satisfacción.

Me mostró sueños convertidos en realidades.
Y me dibujó un avión, un tren, un barco
y un camino largo; una vida llena de personas;
de gente que llega y que se va…

Y creo que allí estabas tú,
en medio de ese camino,
pero dudé de si te ibas o
si seguirías en el mismo sentido…

El destino me escribió una carta
de la cual no puedo leer su final.
Parece un poco incierto…
Aunque el futuro es así.
Así, me lo dijo el destino.

ABRE LA VENTANA

Abre la ventana y deja que fluya
para que se vaya lo malo,
para que no te influya.
Abre la ventana y deja el aire correr,
pues lo que no ha de paar, no pasa;
pues será lo que tenga que ser.

FASE 8:
LA LIBERTAD

Y METÍ EL CORAZÓN EN LA MALETA...

...Y TRAJE CONMIGO UNA NUBE CARGADA DE BUENOS RECUERDOS...

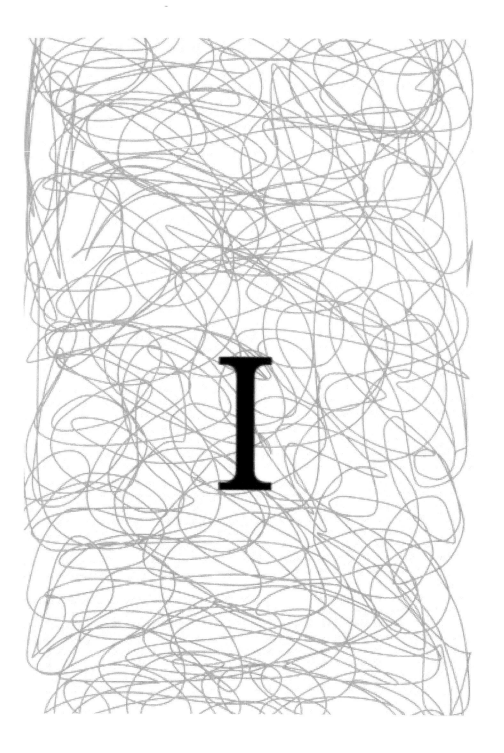

POEMA A LA LIBERTAD

Bendita libertad
que, como ave viajera,
tiene alma aventurera.
Ella sola viene y va.
Hoy aquí, mañana allá,
siembra y recoge
cariño del que la acoge
al verla pasar.
Pero no hay mortal
que la retenga
ni miedo que la detenga
o que la haga dudar.
La libertad no tiene dueño;
vive por y para sus sueños
y los convierte en realidad.

MI VOZ, MI POESÍA

Te necesito como mis pulmones el aire,
como mis lágrimas los ojos,
como mi pecho el corazón.

Te necesito porque
ya estabas en mí desde antes,
porque a pesar de tantos años
sin atreverme a sacarte,
siempre estuviste en mi interior.

Ahora que ya no hay miedos,
ahora que entendí
lo que tenía que aprender de la vida,
ahora sales de mí
con tanto amor y determinación,
que tiemblo de emoción al escucharme.

Ahora, que nadie puede callarme,
ahora sales y, al fin, puedo.

FASE 9: LA ESPERANZA

Quizás aún no lo veas, pero ahí, a lo lejos, hay alguien más esperando a cruzarse contigo...

DESTINO O SERENDIPIA

Algún día cualquiera, de repente, en el lugar más insignificante, en el momento más inesperado, habrá un segundo en el que, inevitablemente, el tiempo y el espacio se congelarán para cambiar nuestras vidas para siempre.
Entonces, nada volverá a ser como antes.
Llámalo «destino», llámalo «serendipia», que yo, definitivamente, le pondré tu nombre…

DÉJAME ENSEÑARTE

Quédate y déjame enseñarte
que no todos los días son grises,
que no todas las tardes son aburridas.
Déjame enseñarte
que las noches pueden ser largas
y las semanas interminables;
que los meses pueden pasar como segundos
y los años como horas.
Quédate y déjame enseñarte
que no debes temer ahora,
que me quedaré también yo para cuidarte.
Quédate hasta que el tiempo
nos deje ser libres para empezar de nuevo.
Quédate y déjame enseñarte
cuán afortunados somos de seguir viviendo.

FASE 10:
AMAR sin más

*EL ARTE SE MIDE POR LA BELLEZA
Y ESTA, A SU VEZ, POR LA PASIÓN.
ASÍ QUE HAGAMOS DE NUESTRO AMOR UN ARTE
Y CREEMOS JUNTOS OBRAS MAESTRAS...*

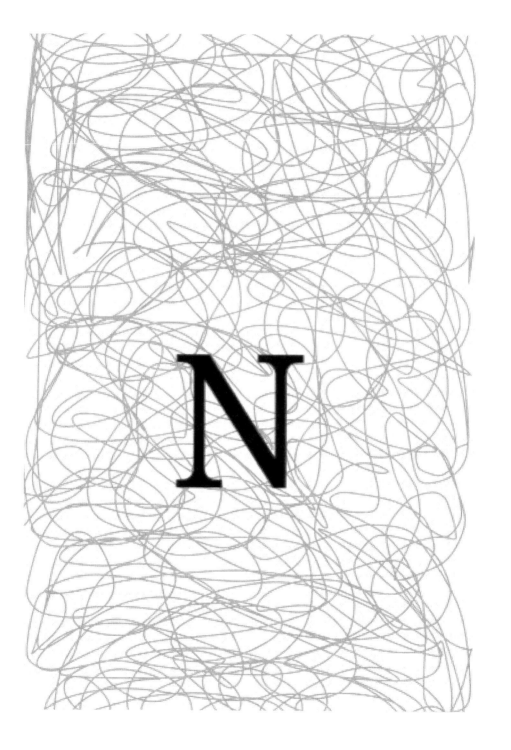

TE RETO A QUERERNOS

Te reto a no pensar en cosas sin importancia.
Te reto a vivir, a disfrutar.
Te reto a que tengas tu vida al igual que yo tengo la mía.
Te reto a complementarnos sin restarnos nada.
Te reto a sumar días divertidos.
No serán todos perfectos pero tampoco serán los peores.
Te reto a ser libre pero honesto.
Te reto a serlo contigo, conmigo y con el resto.
Te reto a hacer de tu mundo, un mundo paralelo al mío.
Te reto a no competir, pero sí a compartirnos.
Te reto a no hacernos sufrir.
A molestarnos, sí, pero con sonrisas.
Te reto a que seas tú y que, al mismo tiempo, pueda ser yo misma.
Te reto a ser feliz con poco, que ya es mucho.
Te reto a querernos sin prometernos.
Te reto y ya me dices…

ERES TÚ

Imaginé ser invisible y volar para acercarme hasta tu puerta; escucharte cantar y reír, o decir que, a pesar de ser feliz, no querías estar sola.

Imaginé que, después de algunas horas, abrirías para recibirme con los brazos abiertos y con el corazón curado de los que se alejaron de tu lado por no saber quererte.

Y por quererte yo, que allí seguiría invisible, esperaría a materializarlo porque el amor se construye a base de paciencia.

Y sin ninguna ciencia, alimentaría este sentimiento.

Y ahora que no imagino sino siento, aquí estoy esperando a tu puerta con mi dedo en el timbre y con dos palabras para enamorarte porque, al fin, sé que *eres tú*.

LOS DÍAS QUE VIVÍ SIN TI

Los días que viví sin ti fueron todos aquellos en los que aprendí que el amor no debe causar sufrimiento alguno.

Los días que viví sin ti fueron todos aquellos que me enseñaron que el amor no está hecho para sentirse solo estando con cualquiera.

Los días que viví sin ti fueron los que me hirieron profundamente pero también sirvieron para fortalecer mi alma.

Los días que viví sin ti fueron un laberinto en el que me perdí repetidas veces intentando encontrar la salida.

Los días que viví sin ti fueron los días que viví sin mí.

Los días que viví sin ti buscaron refugio en abrazos de mentira.

Los días que viví sin ti me ayudaron a encontrar soluciones.

Los días que viví sin ti se escribieron con lágrimas que luego se convirtieron en poemas.

Los días que viví sin ti sembraron las ganas de encontrarte.

Los días que viví sin ti dibujaron tu silueta para que pudiera reconocerte.

Los días que viví sin ti me pidieron que me dejara querer.

Los días que viví sin ti dieron lugar a otros días, los que ahora vivo contigo.

Los días que viví sin ti me recuerdan que todo pasa por algo.

Y ese algo soy yo. Y también tú. Y nuestra historia. Y nuestros sueños. Y el mundo. Y la vida…

*PORQUE ALLÍ DONDE HAY AMOR,
ESE ES EL MEJOR LUGAR PARA VIVIR...*

Printed in Poland
by Amazon Fulfillment
Poland Sp. z o.o., Wrocław